DE

LA LÉGISLATION DANOISE

SUR

LA CONSERVATION DES MONUMENTS HISTORIQUES

ET DES ANTIQUITÉS NATIONALES

LETTRE A M. Léon PALUSTRE

DIRECTEUR DE LA SOCIÉTÉ FRANÇAISE D'ARCHÉOLOGIE
POUR LA CONSERVATION DES MONUMENTS HISTORIQUES

PAR

LE COMTE DE MARSY

Extrait du *Bulletin monumental*,
N° 6. — 1878.

PARIS

LIBRAIRIE SCANDINAVE DE K. NILSSON

212, RUE DE RIVOLI, 212

DE

LA LÉGISLATION DANOISE

SUR

LA CONSERVATION DES MONUMENTS HISTORIQUES

ET DES ANTIQUITÉS NATIONALES

LETTRE A M. Léon PALUSTRE

DIRECTEUR DE LA SOCIÉTÉ FRANÇAISE D'ARCHÉOLOGIE

POUR LA CONSERVATION DES MONUMENTS HISTORIQUES

PAR

LE COMTE DE MARSY

EXTRAIT DU *Bulletin monumental*

N° 6. — 1878.

PARIS

LIBRAIRIE SCANDINAVE DE K. NILSSON

242, RUE DE RIVOLI, 242

DE

LA LÉGISLATION DANOISE

SUR

LA CONSERVATION DES MONUMENTS HISTORIQUES

ET DES ANTIQUITÉS NATIONALES

———

Mon cher Directeur,

Lorsque, il y a près de cinquante ans, M. de Caumont fonda notre Société, son but était d'assurer la conservation des monuments archéologiques qui couvraient le sol français et qui, après avoir échappé aux destructions causées par la guerre de Cent ans, par les luttes religieuses, par le vandalisme restaurateur du XVIIIe siècle, et enfin par le mouvement révolutionnaire, se trouvaient encore menacés de tomber sous les coups des bandes noires ou de disparaître pour faire place aux fantaisies néo-archéologiques des admirateurs de Walter Scott et de Victor Hugo. Pendant quarante ans, M. de Caumont combattit le bon combat pour nos cathédrales et nos édifices civils, pour nos restes romains et nos châteaux féodaux, et grand fut assurément le nombre de ceux qu'il réussit à sauver, grâce surtout aux efforts constants qu'il fit auprès du clergé, des municipalités et des propriétaires.

Le gouvernement s'émut également, et une circulaire de M. Guizot, adressée en octobre 1830 aux préfets, pour leur recommander les monuments élevés dans leurs départements, faisait ressortir les services déjà rendus par la Société des antiquaires de Normandie et son savant secrétaire (1).

L'inspection des monuments historiques fut confiée à Mérimée, à Vitet; il ne nous appartient pas de rappeler le bien qu'elle a fait, le mal qu'elle n'a su empêcher, mais nous devons constater simplement qu'il n'existe pas encore en France une législation suffisante pour garantir, dans tous les cas, la conservation de monuments précieux pour notre histoire.

Vous avez continué, mon cher ami, l'œuvre de M. de Caumont, et vous avez plus d'une fois prouvé soit par vos appels dans le *Bulletin monumental*, soit par vos protestations dans nos Congrès, soit, enfin, dans vos derniers articles sur l'aliénation du mobilier des églises (2), que le directeur de la Société française maintenait haut et droit le drapeau qui lui était confié.

C'est à ce titre que vous accueillerez avec plaisir, j'en suis convaincu, les renseignements sur la législation danoise relative à la conservation des monuments historiques que je trouve dans un rapport dû à la plume d'un savant éminent, qui est en même temps un homme d'État des plus distingués, M. Worsaae.

Depuis longtemps, on a considéré la législation du Danemark comme le type qui pouvait être imité dans les autres pays à ce point de vue (3), et le savant directeur des

(1) *M. de Caumont, sa vie et ses œuvres,* par M. E. de Beaurepaire.

(2) *Bulletin monumental,* 1877, p. 664.

(3) Au Congrès international d'archéologie d'Anvers, en 1867,

musées de Danemark, consulté de différentes parts, a cru devoir rendre public le mémoire qu'il avait rédigé à la demande de la légation Austro-Hongroise de Copenhague. Ce mémoire, inséré d'abord dans les *Annales* et plus tard dans les *Mémoires de la Société royale des Antiquaires du Nord* (1), a été traduit par M. Eugène Beauvois, qui a tant contribué à faire connaître en France l'histoire des antiquités scandinaves. C'est à lui, du reste, que nous devons, en dehors de travaux originaux tels que l'*Histoire légendaire des Francs*, la traduction des principaux mémoires publiés par la Société des Antiquaires du Nord.

Le rapport de M. Worsaae comprend deux parties distinctes : l'une relative aux antiquités et aux moyens mis en œuvre par le gouvernement, afin d'acquerir toutes celles qui présentent une certaine importance; l'autre, concernant les monuments et les mesures à prendre pour leur conservation et leur restauration. Je commencerai par la dernière.

la question des moyens légaux de conservation des monuments historiques figurait au programme. Elle fut discutée par MM. de Caumont, Worsaae, le baron de Quast, Schuermans, Raymond Bordeaux, le marquis de Ripalda, etc. Malheureusement, comme dans beaucoup d'autres réunions, aucune décision ne fut prise, et les matériaux qui avaient été soumis au Congrès et qui résumaient la législation d'un certain nombre de pays au sujet de la conservation des monuments, ne figurèrent pas dans le trop court compte rendu publié postérieurement.

(1) *Aarboger*, 1877, p. 1-19, *Mémoires*, 1877, p. 343-360, Il n'avait, jusqu'à présent, rien été publié à ce sujet dans les ouvrages danois.

I.

MONUMENTS HISTORIQUES.

C'est au xviie siècle qu'il faut remonter pour trouver la trace des premières mesures prises pour conserver certains monuments runiques, qui, sous le règne de Christian IV (1610-1648), furent apportés à Copenhague et malheureusement périrent pour la plupart dans l'incendie de 1728 ; mais ce mouvement ne fut que de courte durée, et c'est seulement de 1807 que date l'institution de la *Commission royale pour la conservation des Antiquités* (1).

(1) En Suède, on trouve, dès le règne de Gustave-Adolphe, l'institution des fonctions d'*Antiquaire du royaume*. Parmi ses attributions se trouvait celle de veiller à la conservation des monuments nationaux. « Pendant la minorité de Charles XI en 1687, dit M. H. Hildebrand, l'aristocratie fonda le *Collége des Antiquités*, dont les attributions furent dévolues en 1786 à l'*Académie royale d'archéologie*, dont le secrétaire est à la fois antiquaire du royaume et directeur du musée royal d'archéologie. » (*Compte rendu du Congrès de Stockholm*, 1874, t. I, p. 10).

L'antiquaire actuel du royaume est le docteur Bror-Emile Hildebrand, dont le nom est inséparable de l'histoire des Antiquités scandinaves. Le plus souvent, en Suède, l'Académie d'archéologie ne s'occupe pas directement de la conservation des monuments et de leur description, mais elle s'entend avec les Sociétés archéologiques provinciales auxquelles elle sert de centre, et elle donne le résumé de leurs travaux et de leurs recherches dans son journal publié sous le titre d'*Antiquarisk Tidskrift for Sverige*, par les soins du docteur Hildebrand père (T. Ier 1864, etc.) La plupart de ces Sociétés provinciales

A la suite de rapports rédigés par les pasteurs, le ministère de la justice mit *sous la protection de la loi* un certain nombre de monuments de l'antiquité et du moyen âge. « Mais, dit M. Worsaae, la légalité de cette mesure était douteuse, les propriétaires n'étant tenus par aucune loi de céder leur droit sur ces monuments, surtout sans indemnité préalable ; de plus, là même où ils n'y mettaient pas d'opposition, on négligea de faire enregistrer selon les formes légales cette prise de possession au nom de l'État, afin que les futurs acheteurs fussent dûment avertis. »

Il y avait là, on le voit, une situation mal définie, analogue à celle qui existe encore chez nous, et des enquêtes faites en 1847 montrèrent qu'un grand nombre de monuments, signalés en 1809 et 1810, avaient disparu. Une résolution royale du 22 décembre 1847 reconstitua la commission et lui adjoignit un membre rétribué, désigné sous le titre d'inspecteur, et à la disposition duquel on mit annuellement une somme d'argent pour l'achat et la restauration des monuments, leur reproduction par le dessin, et en même temps pour l'exécution de fouilles. Ce nouvel inspecteur fut M. Worsaae, et c'est grâce à son

ont publié des catalogues des monuments historiques de leur circonscription et les ont distribués à tous leurs membres, aux bibliothèques paroissiales, aux propriétaires des terres sur lesquelles ils sont situés, etc. La plus ancienne Société archéologique de la Suède est celle de Nerike, dont le siége est à Orebro et dont la formation remonte à 1856. Depuis cette époque quatorze autres Sociétés locales ont été créées, et enfin, en 1869, une Société générale a été constituée sous le titre de *Société des Antiquaires de Suède.* (Voir notice sur ces Sociétés par le Dr Montelius à la suite de la *Bibliographie de l'archéologie préhistorique de la Suède,* Stockholm, 1875.)

zèle que furent obtenus les importants résultats que nous avons à signaler.

Le gouvernement commença par déclarer, en 1848, que tous les assemblages de pierres, tertres funéraires, pierres runiques, fortifications anciennes et ruines de châteaux existant dans les domaines royaux et les bois de l'État seraient déclarés domaines nationaux, et que, si l'on aliénait quelques parties du domaine public, ces monuments seraient expressément réservés par l'État et clairement désignés dans les actes de vente. Le ministère de la justice engagea les directeurs des fondations pieuses, les propriétaires de fiefs et de fidéi-commis à faire les mêmes réserves en faveur de l'État, lors de l'amodiation ou de la vente de leurs biens, et un appel fut également adressé dans le même sens (novembre 1849) à tous les propriétaires du royaume pour les engager à faire de même; beaucoup d'entre eux, nous devons le dire à leur louange, n'hésitèrent pas à se prêter à cette combinaison avec la meilleure volonté et le plus grand empressement.

Ajoutons que la plupart des monuments dont la conservation fut ainsi assurée n'étaient que des monuments des premières époques scandinaves, blocs de pierres, tumulus, etc., dont la seule valeur était en quelque sorte celle du terrain sur lequel ils se trouvaient élevés.

Dans une circonstance analogue, en Hollande, cinquante-quatre monuments mégalithiques de la province de Drenthe ont été ainsi conservés il y a peu d'années, grâce à l'intervention de M. O. Gratama. Après avoir proposé, sans succès, aux états provinciaux d'empêcher leur destruction, rendue probable par le besoin que l'on avait de pierres pour paver les chaussées, en les faisant déclarer propriété nationale, cet archéologue adressa une demande au gouvernement, qui jugea que la manière la plus expéditive était d'en faire l'acquisition, qui fut réalisée avec le plus grand succès de 1868 à 1870 (1).

Pour compléter l'œuvre entreprise depuis 1848 par M. Worsaae, on a créé en 1866 des commissions diocésaines appelées à désigner des inspecteurs régionaux chargés de travailler de concert avec la direction centrale de Copenhague ; mais, par des raisons financières, cette dernière organisation n'a pas encore reçu une exécution complète.

En 1874, une loi votée par le parlement (au moment, je crois, où M. Worsaae était ministre du culte et de l'instruction publique) a décidé, sur la proposition de la direction des monuments, qu'une enquête complète serait faite sur tous les monuments historiques du Danemark ; que cette enquête serait confiée à des archéologues et à des dessinateurs, qui lèveraient les plans, feraient les dessin est la description des monuments les plus importants et notamment de ceux qui mériteraient d'être mis, à l'avenir, sous la protection de la loi. Et, comme le moyen le plus efficace serait d'en faire l'acquisition au nom du gouvernement, une somme annuelle de 9,800 francs fut mise dans ce but à la disposition de la commission.

Quant aux monuments d'une époque plus récente, châteaux, bâtiments civils, un grand courant d'activité a porté leurs propriétaires à les restaurer depuis environ vingt ans. Là encore est intervenue la direction des monuments. Pour tout ce qui est fait aux frais de l'Etat, elle a contrôlé les plans de restauration (2) ; et pour les

(1) Voir la communication de M. Gratama, dans le *Compte rendu du Congrès d'anthropologie de Stockholm* de 1874, t. I, p. 267.

(2) La *Tour de l'Oie* à Vordingborg, en Sélande, et les châ-

travaux exécutés par les particuliers, son intervention officieuse a été presque toujours acceptée.

Les églises ont été aussi l'objet de travaux importants. Pendant longtemps ces monuments étaient tombés entre les mains de ceux qui payaient les dîmes, et leur entretien laissait beaucoup à désirer, malgré le soin qu'avait pris l'État de charger de leur inspection le prévôt de chaque canton. Mais une loi du 19 février 1861 a réorganisé ce service. Cette loi fixe les règles générales à suivre pour la restauration des églises dans leur style primitif, et pour la conservation de leur mobilier et de leurs monuments, réservant, pour le *Musée national*, la faculté d'acquérir les objets hors de service. Les plans de restauration sont examinés par une commission d'architectes et d'archéologues, présidée par le directeur des monuments.

Une autre mesure qu'il faut noter est l'autorisation donnée au ministre du culte et de l'instruction publique, de répartir entre les églises les plus pauvres l'excédant des recettes des églises les plus riches, qui étaient placées jusqu'alors sous la direction des autorités diocésaines. Grâce à la disposition de ce fonds commun et aussi à l'aide de ressources extraordinaires, on a pu entreprendre la restauration d'églises importantes (1).

eaux de Rosenborg, Kronborg et Frederiksborg, tous trois construits dans le style de la renaissance. Le dernier d'entre eux, détruit par un incendie en 1859, a été reconstruit à l'aide d'une souscription nationale, augmentée des dons particuliers du roi Frédéric VII.

(1) Maribo, dans l'île de Lolland, XVe siècle; — Kallundborg (Sélande) XIIe siècle; — Vibord, en Jutland, XIIe siècle, ce dernier monument aura nécessité une dépense de plus d'un million. — D'autres édifices religieux ont été réparés aux frais des églises ou des communes: Aarhus, XIIIe siècle; — Saint-

II

ANTIQUITÉS NATIONALES.

Si, depuis plus de deux siècles, on a recueilli à Copenhague les objets antiques originaires du pays, et si le
Cabinet des Arts de Frédéric III (1648-1870) en contenait
déjà, confondus avec ces *curiosités* si diverses qui faisaient
au XVIIe siècle l'objet de l'admiration des savants (1), ce
n'était qu'à la suite de trouvailles accidentelles que s'opé-
rait la découverte de ces antiquités, et la plus grande partie
d'entre elles venait enrichir le cabinet royal par suite de
la disposition légale qui accordait au trésor royal la propriété du *Danefœ*.

Le *Danefœ* (du vieux norrain *Danarfè, fè,* propriété, et
Danar, homme mort) comprenait les objets précieux
exhumés du sol et qui, d'après la loi danoise (interprétée
par une ordonnance du 22 mars 1737), accordait au roi
tout trésor sans maître trouvé dans le sol, et obligeait
l'inventeur à livrer au fisc le produit de sa découverte,
sans en recevoir aucune indemnité.

La rigueur de cette disposition faisait que, dans la
plupart des cas, celui qui avait trouvé des objets précieux
prenait le parti de les fondre en cachette et de profiter
seul de la vente des lingots; aussi, une ordonnance du

Knud, à Odensé (Fionie) XIIIe siècle ; — la cathédrale de Ros-
kilde en Sélande, XIIIe siècle ; — et l'église de Sorœ, en Sélande,
également restaurée aux frais de l'Académie.

(1) Voir la description que nous avons donnée de ce cabinet dans
les notes du *Voyage en Suède,* de Regnard (Gand, 1874).

7 août 1752 vint-elle adoucir cette législation. Le droit
au *Danefœ* continua à être réservé à la couronne, sous
les pénalités antérieures, mais le prix de la valeur intrin-
sèque de l'objet fut accordé à l'inventeur. Cette disposition est encore maintenue, sauf le cas où les fouilles sont
faites par le propriétaire du sol dans le but déterminé de
chercher un trésor. « L'expérience, dit M. Worsaae, a
démontré que cette disposition était très-pratique et fort
avantageuse pour les collections publiques, maintenant
surtout qu'elle est généralement connue en Danemark ;
les inventeurs sachant qu'ils obtiennent de l'Etat, dont
les agents éprouvent et estiment les objets trouvés, non-
seulement un prix plus élevé que ne leur offriraient les
particuliers, mais encore que les soins employés à recueillir et à conserver les objets sont récompensés par une gra-
tification ajoutée à la valeur propre du métal. »

En 1807, la Commission royale pour la conservation
des antiquités, que nous avons déjà vu jouer un rôle
actif à propos des monuments nationaux, s'occupa des
antiquités nationales et fonda la collection qui, sous la
direction de Thomsen, devint le *Musée des Antiquités du
Nord* (1).

(1) Voir sur cet établissement : *Album de l'archéologie du
Nord*, publié par M. Worsaae, in-fol., 1857. — *Guide illus-
tré du Musée des Antiquités du Nord*, par M. Engelhardt,
in-8°, 1866, etc.

Je ne parle pas ici des autres musées danois, dont plusieurs
(ethnographie, médailles, antiques) sont réunis également au
Palais du Prince. (Voir mon *Rapport sur le Congrès d'archéologie préhistorique de Copenhague* (Arras, 1870, in-8°), et
sur le Musée historique de Rosenborg, voir, outre l'ouvrage de
M. Andersen (Copenhague, 1867), le mémoire lu à l'Académie
des Inscriptions, par M. Casati (1878).

Cette collection, installée au *Palais du Prince,* est formée aujourd'hui de plus de cinquante mille numéros. Il est curieux de voir par quels moyens simples et ingénieux on est arrivé à la réunion à peu de frais de cette collection d'une si haute importance.

Le musée a d'abord un budget normal annuel, des fonds éventuels pour l'achat du *Danefœ* et parfois des ressources extraordinaires pour l'achat de grandes collections, et plutôt encore pour de nouveaux classements. Mais c'est surtout aux sentiments patriotiques et généreux de la nation danoise tout entière que l'on doit ces résultats.

Tout Danois est devenu archéologue, qu'il soit ouvrier ou paysan, et cela, grâce au zèle, au dévouement de Thomsen et de ses continuateurs.

Peut-être aurez-vous aussi été témoin de ces visites, dont je ne puis résister au désir d'emprunter le récit à un article de M. de Quatrefages. « Thomsen, dit-il, ne se contentait pas de recueillir, de classer, de décrire les monuments, les objets de toute sorte qui racontaient l'histoire de sa patrie. Il aurait voulu que tout Danois en sût autant que lui. Dans cette pensée, chaque fois que s'ouvrait le musée, il était là, devant les vitrines, prêt à expliquer à tout venant la signification de ce qu'elles contenaient. Les femmes, les enfants, les soldats, les paysans étaient pour lui des auditeurs aussi dignes d'attention que le grand seigneur ou l'érudit. Dans un pays où l'instruction est générale, cet enseignement populaire devait porter ses fruits, et Thomsen lui dut plus d'un objet précieux apporté par quelques-uns de ses disciples de passage (1). »

Des traités d'archéologie nationale, écrits pour le peuple,

____

(1) Un Congrès international. *Revue des Deux Mondes,* avril-mai 1870.

étaient aussi répandus dans toutes les bourgades, et en même temps de petites collections formées dans les provinces, dans les écoles des différents degrés, collections élémentaires, indépendantes de l'État, mais qui ont pris pour règle dans leurs statuts d'offrir au musée de Copenhague les trouvailles particulièrement intéressantes, réclamant seulement en échange des doubles d'objets plus communs. Les mêmes moyens furent mis en œuvre à l'égard des prêtres, des instituteurs et des paysans éclairés, et de l'argent, des livres et d'autres objets furent distribués à ceux qui se distinguèrent par leur zèle à recueillir et à conserver les antiquités du pays.

« En raison du sentiment national fortement surexcité, dit encore le savant directeur des monuments, la population se fait un point d'honneur de recueillir des matériaux pour l'histoire des temps préhistoriques; aussi n'est-il plus nécessaire, maintenant du moins, de prohiber l'exportation des antiquités de pierre, de bronze et de fer. Le musée s'est fort bien trouvé d'avoir maintenu le principe de la spontanéité, et de n'avoir pas entravé, mais plutôt favorisé la formation de collections privées; l'expérience a montré que c'était là le moyen de sauver de la destruction beaucoup d'objets qui, autrement, auraient été perdus, les collections privées devant tôt ou tard, en tout cas pour leur partie la plus essentielle, être incorporées dans le musée de l'État. »

On ne peut s'empêcher, en lisant ces lignes, d'admirer l'affirmation de ce sentiment national si bien ancré dans le cœur de l'écrivain qu'il ne met pas en doute que toute collection est et doit rester danoise, et qu'à un moment donné celui qui possède un objet précieux est forcément amené à s'en dépouiller pour l'offrir à l'État et accroître ainsi le patrimoine scientifique de la nation.

Pourquoi n'en est-il pas ainsi chez nous et sommes-nous condamnés à voir chaque jour se disperser et passer le plus souvent à l'étranger des collections formées exclusivement des monuments de notre histoire nationale ?

Mais je ne veux pas m'arrêter sur ces réflexions qui nous conduiraient trop loin, et je termine cette trop longue lettre en souhaitant que les sentiments exprimés par le savant archéologue danois fassent naître une semblable émulation chez quelques-uns de nos confrères (je n'ose dire chez tous), et qu'ils s'en inspirent pour assurer, eux aussi, un jour à notre pays, les richesses archéologiques dont ils sont aujourd'hui les heureux possesseurs.

Compiègne, 19 juillet 1878.

IMP. PAUL BOUSEREZ, RUE DE LUCÉ, 5, A TOURS.

www.ingramcontent.com/pod-product-compliance
Lightning Source LLC
LaVergne TN
LVHW021102050726
842519LV00005B/1800